26 Juin 1905

marqué PN

Succession de M. BAYER

TABLEAUX

ANCIENS & MODERNES

OBJETS D'ART ET D'AMEUBLEMENT

Tapisseries

Succession de M. BAYER

TABLEAUX ANCIENS & MODERNES

PASTELS — AQUARELLE

Objets d'Art et d'Ameublement

TAPISSERIES

CONDITIONS DE LA VENTE

Elle sera faite au comptant.

Les adjudicataires paieront *dix pour cent* en sus des enchères.

L'exposition mettant le public à même de se rendre compte de la nature et de l'état des objets, aucune réclamation ne sera admise une fois l'adjudication prononcée.

Paris. — Imp. Georges Petit, 12, rue Godot-de-Mauroi. — 15157-05.

CATALOGUE

DES

TABLEAUX

ANCIENS ET MODERNES

PASTELS — AQUARELLE

OBJETS D'ART ET D'AMEUBLEMENT

ANCIENNES PORCELAINES DE CHINE

Bijoux — Argenterie — Pendules du XVIIIe siècle

SCULPTURES — BRONZES

MEUBLES DU XVIIIe SIÈCLE ET DE STYLE EMPIRE

Billard de Gerdères

Meuble de Salon en ancienne tapisserie d'Aubusson

TAPISSERIES RENAISSANCE

DONT LA VENTE

Par suite du décès de M. BAYER

AURA LIEU A PARIS

HOTEL DROUOT, SALLE N° 6

Les Lundi 26 et Mardi 27 Juin 1905

à deux heures

COMMISSAIRE-PRISEUR

Me PAUL CHEVALLIER, 10, rue Grange-Batelière.

EXPERTS

Pour les Tableaux :		*Pour les Objets d'art :*
M. GEORGES PETIT	**MM. BERNHEIM-JEUNE**	**MM. MANNHEIM**
8, rue de Sèze, 8	Experts près la Cour d'Appel	7, rue Saint-Georges, 7
PARIS	8, rue Laffitte — rue Scribe, 1	PARIS
	36, avenue de l'Opéra, 36	

EXPOSITIONS

PARTICULIÈRE : *Le Samedi 24 Juin 1905, de 1 heure 1/2 à 5 heures 1/2*

PUBLIQUE : *Le Dimanche 25 Juin 1905, de 1 heure 1/2 à 5 heures 1/2*

ORDRE DES VACATIONS

Le Lundi 26 Juin 1905

Tableaux . . . . N°s 1 à 25
Bijoux, Argenterie . . . . 26 à 74
Faïences et Porcelaines . . . . 75 à 100

Le Mardi 27 Juin 1905

Pendules, Bronzes, Sculptures . . . . 101 à 124
Sièges et Meubles, Billard . . . . 125 à 156
Sièges en tapisserie, Tapisseries, Tapis, Étoffes . . . . . 157 à 167
Mobilier courant 168

Tableaux Anciens

BOUCHER

(F.)

1 — *La Pêche.*

Un mandarin, assis, pêche à la ligne. Près de lui, s'accoude « une petite épouse », tandis qu'un enfant tient au-dessus de sa tête un parasol rouge.

Toile. Haut., 39 cent.; larg., 52 cent.

DROUAIS

Attribué à

2 — *Portrait de femme.*

En robe grenat bordée de fourrure et aux manches garnies de dentelle, la jeune femme est assise de trois quarts, la tête tournée de face. Elle appuie ses deux mains, cachées dans un manchon, sur une table en marqueterie de bois, à garnitures de bronzes. Son corsage est ouvert en carré. Elle a un étroit ruban bleu noué autour du cou. Dans ses cheveux poudrés, un nœud de ruban est piqué.

Cadre en bois sculpté.

Toile. Haut., 95 cent.; larg., 77 cent.

VAN DYCK

(Copie ancienne d'après)

3 — *L'Homme au masque.*

Toile. Haut., 72 cent.; larg., 58 cent.

HALS

(THIERRY)

4 — *Promenade dans un parc.*

Des couples de Hollandais en costumes brillants. Une idylle lointaine, qui donne la comédie de la vie, à moins que cela ne soit la vie de la comédie. A gauche, un galant, vu de profil, causant de très près à une jeune femme, le poing sur la hanche. Devant eux, deux lévriers semblent impatients de courir. Derrière, à côté, un autre couple écoute les propos joyeux d'un compère vêtu de rouge. A côté encore, deux jeunes enfants jouent avec un chien.

Panneau. Haut., 29 cent. 1/2; larg., 50 cent. 1/2.

MIEREVELT

(M.-J.)

5 — *Portrait d'homme.*

Vu jusqu'à mi-corps, en armure aux damasquinures d'or, la tête reposant sur une fraise de point-coupé à tuyautés rigides.

Panneau. Haut., 29 cent.; larg., 24 cent.

VERKOLJE

(NICOLAS)

6 — *L'Enfant et le perroquet.*

Au bord d'une fenêtre richement drapée, une jeune femme enseigne à un enfant curieux à ne pas agacer un perroquet, qui se tient sur la défensive, dans une cage.

Panneau. Haut., 37 cent.; larg., 2[illegible] cent.

ÉCOLE HOLLANDAISE

7 — *Portrait d'homme.*

Debout, de trois quarts à droite, la main droite appuyée sur une console drapée de velours rouge, la main gauche pendant naturellement le long du corps et tenant un gant de peau de daim, le personnage est vêtu d'un pourpoint de velours noir à boutons d'argent, avec fraise à tuyautés rigides et rebras de batiste blanche. Ses manches sont de satin noir. Il porte une épée, un ceinturon brodé d'or. Une longue chaîne d'or descend de ses épaules sur sa poitrine. Les cheveux, la moustache et la barbe sont gris.

Panneau. Haut., 1 m. 0[illegible]; larg., 7[illegible] cent.

ÉCOLE HOLLANDAISE

8 — *Portrait de femme.*

Elle est debout, de trois quarts à gauche, en robe de velours noir, avec fraise, manchettes et garniture de coiffe en batiste blanche à tuyautés rigides. Sa main droite s'appuie à l'accoudoir d'un fauteuil de noyer, garni de velours rouge à clous d'or. Sa main gauche, à l'annulaire marqué de deux anneaux de deuil, passe le pouce dans la ceinture, près d'un bijou d'émail et de perles suspendu par un long ruban noir.

Panneau. Haut., 1 m. 03; larg., 79 cent.

Tableaux Modernes

BONNAT

9 — « *Non piangere* », *idylle.*

3 900

Un petit Italien, assis sur un talon, tient près de lui, debout, une fillette qui semble peu disposée à rire. La fillette est vue de face, le gamin de profil, la tête dans un curieux mouvement de raccourci.

Signé à gauche, en bas : *Ln Bonnat.*

Toile. Haut., 45 cent.; larg., 32 cent.

Collection Boussaton.

CHAPLIN

CH.

10 — *La Nuit.*

Une jeune femme endormie sur des nuées. A quoi rêve-t-elle ? Un vague sourire vient flotter sur sa lèvre close. Une étoile brille encore au-dessus de ses cheveux bruns dénoués. Un amour aux ailes de papillon porte légèrement tout l'appareil des nuages. Au-dessus de la belle endormie, une figure blonde écarte du front l'ombre triste des mauvais rêves, et, dans le lointain du ciel, la lune allume son disque pâle.

Signé à droite, vers le bas : *Ch. Chaplin, 1871.*

Toile de forme ovale.

COROT

(C.)

11 — *Pêcheur au bord de l'étang.*

8 000
Bouasse

A droite, dominant le sol herbeux, des roches, sur lesquelles la nature envahisseuse a fait pousser des arbres. A gauche, l'étang au bord duquel, dans une barque, un pêcheur est assis, la tête protégée par une coiffe rouge.

Au fond, au-dessus du sol plat, le ciel large, léger, immense, infini avec des nuages transparents, des bleus tendres, des clartés blondes, de l'air, de la vie, de la lumière !

Signé à gauche, en bas : *Corot.*

Panneau. Haut., 17 cent.; larg., 25 cent.

Vente Secrétan. 6 100

COROT

(C.)

12 — *Le Matin dans la vallée.*

22 000
[illegible]

Au fond, sur la hauteur, on aperçoit les constructions d'une usine que le jour levant enveloppe de lumière. Aux premiers plans, le terrain mouvementé est planté d'arbres aux branches feuillues. A droite, un bois épaissit ses frondaisons devant l'horizon que dore le soleil matinal.

Au milieu, une femme en madras rouge est assise et cause avec un homme debout, de profil à gauche, le dos appuyé contre le tronc d'un bouleau. Derrière eux, on aperçoit, plus au creux de la vallée, le reflet miroitant d'un lac. Le ciel est éclairé d'une lumière blonde, qui semble mettre sur les choses une impalpable poussière d'or.

Signé à droite, en bas : *Corot.*

Toile. Haut., 32 cent.; larg., 40 cent.

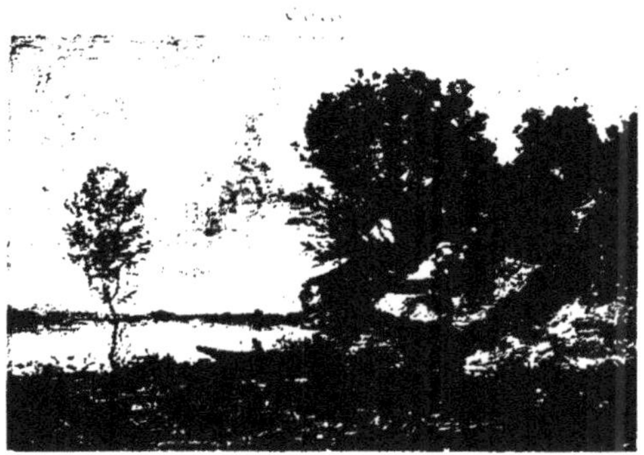

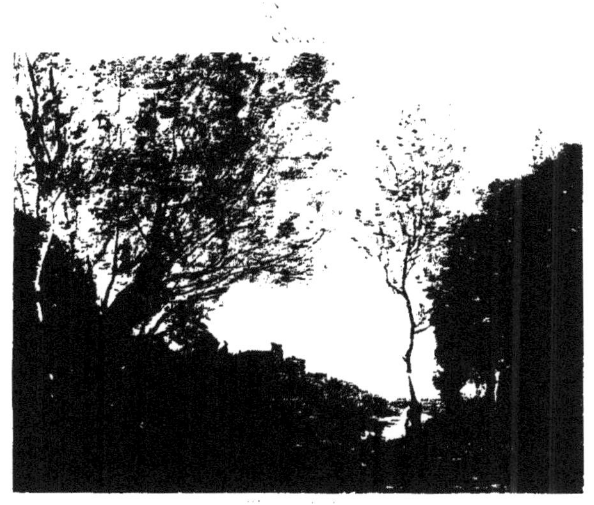

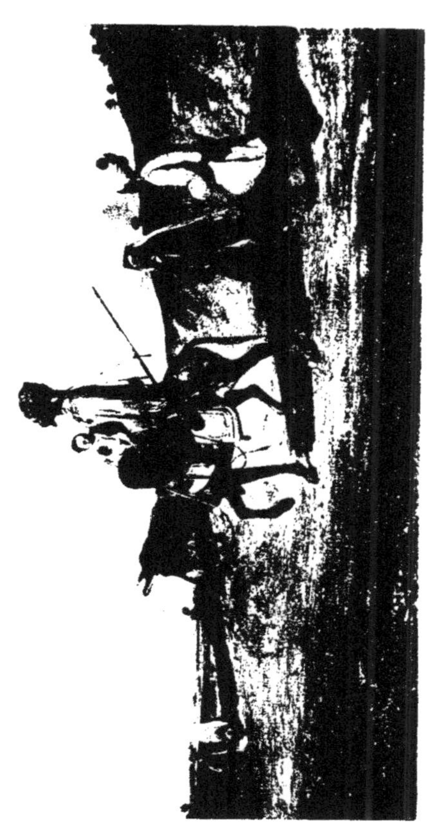

DECAMPS

13 — *Dans le Désert.*

Sur le sable brûlé, ils s'en vont. L'homme, en selle sur son mulet, presse contre lui un enfant qui est vu de face. Derrière lui, une femme et un jeune garçon suivent à pied. A gauche, les devançant sur le chemin, un homme marche à côté d'une femme que porte un mulet. Au fond, on aperçoit la ville blanche sous un ciel ennuagé traversé de stries de lumière.

Signé en bas, vers la droite : *Decamps*.

Toile. Haut., 54 cent.; larg., 70 cent. 1/2.

Collection Cahen d'Anvers.

DELACROIX

(EUG.)

14 — *Ovide en exil chez les Scythes.*

Dans un paysage dévasté, le poète est couché sur un pli de terrain. Il est vêtu d'une chlamyde bleue et d'une robe blanche. Les Scythes, autour de lui pressés, le regardent avec une curiosité mêlée de pitié ; quelques-uns lui apportent des fruits ou du lait d'une jument qu'on est en train de traire. A gauche, au premier plan, un enfant tient un chien en laisse.

Au loin, l'horizon est fermé par une chaîne de montagnes.

Signé en bas, vers la gauche : *Eug. Delacroix, 1862.*

Panneau. Haut., 31 cent.; larg., 50 cent.

On lit, dans *l'Œuvre complet de Eugène Delacroix*, par Alfred Robaut, commenté par Ernest Chesneau, page 386 : « Delacroix, que son imagination anxieuse entraînait à peindre sans cesse le trouble de la vie et l'horreur du carnage, savait trouver aux heures de calme des compositions empreintes d'une admirable poésie et d'une profonde douceur. La vie des pasteurs nous apparaît ici dans sa simplicité tranquille et repose notre esprit, comme celui du maître, dans l'exécution de son œuvre toute de mouvement et de violence ».

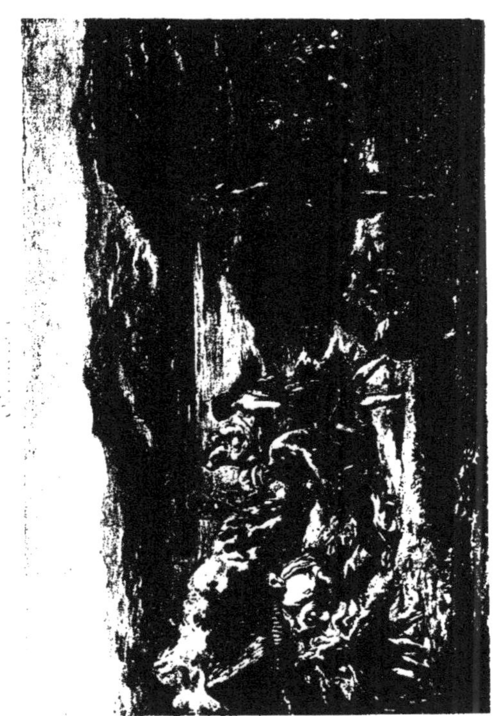

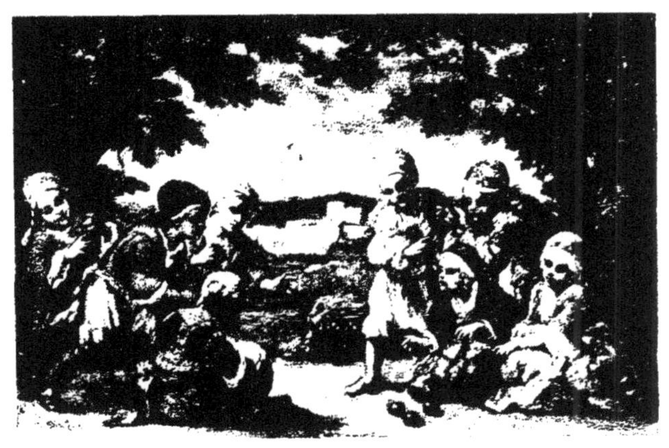

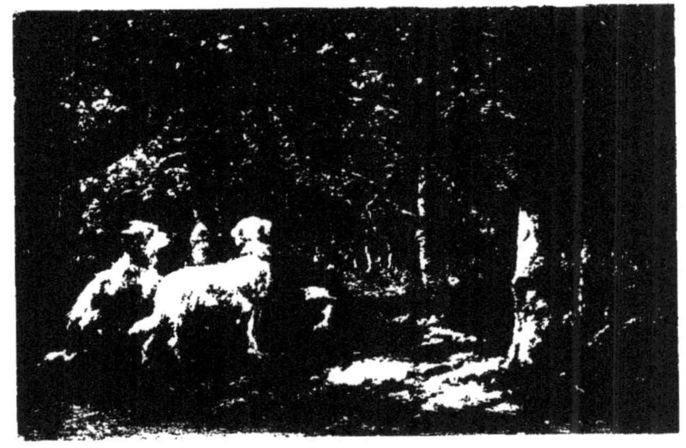

DIAZ

15 — *Enfants turcs jouant aux boules.*

Sous une voûte de branches feuillues, les enfants turcs se sont assis autour d'un jeu de boules, qui cause leur joie et leur animation. A l'horizon, sous un ciel d'un bleu profond, on aperçoit la ville aux murailles blanches et aux terrasses crénelées.

Signé à droite, en bas : *N. Diaz, 51.*

Toile. Haut., 25 cent.; larg., 34 cent.

Collection Sabatier.
Collection Dreyfus-Gonzalès.
Exposition des Cent Chefs-d'Œuvre (1892).

DIAZ

16 — *Chiens griffons dans la forêt.*

Dans la forêt. Les troncs d'arbres à l'écorce brillante, sous des lumières qui papillonnent; aux branches, des feuilles, dont quelques-unes rouillées déjà par le soleil d'été. A gauche, un groupe de quatre chiens, l'un jaune, l'autre blanc, les deux autres noir fauve tacheté de blanc. L'un est couché; l'autre, le blanc, attentif sur ses quatre pattes; les deux autres, assis sur leur arrière-train.

Signé à droite, en bas : *N. Diaz.*

Panneau. Haut., 21 cent.; larg., 33 cent.

DUPRÉ

17 — *Les Chênes au bord de la mare.*

Dans le pré au sol plat, la mare se dessine en reflets frissonnants. Au bord de la mare, deux chênes se dressent, aux branches puissantes, larges et protectrices. Vers la droite, une vache prend le frais, les sabots dans l'eau, le muffle roux, taché de blanc, humant l'air qui passe. Au fond, vers la gauche, un paysan assis garde deux autres bêtes. Au loin, une ligne de collines boisées ; et, sur ce coin de nature calme, un ciel élevé et profond, avec un pan d'azur tout émaillé, aperçu sous la transparence des nuages légers.

Signé à droite, en bas : *Jules Dupré.*

Toile. Haut., 43 cent. ; larg., 62 cent. 1/2.

ROYBET

(F.)

18 — *L'Homme à l'épée.*

Debout, contre une draperie, un gentilhomme se tient, la tête tournée de trois quarts à gauche, l'épée dans la main droite, la lame appuyée contre l'épaule gauche. Il appuie la main droite sur la main gauche qui tient un gant. Il est vêtu d'un pourpoint jaune à manches de satin crème, d'un haut-de-chausse de peluche bleue. Il a des bas et des souliers gris à nœuds de ruban. Il a la tête coiffée d'un large feutre noir.

Signé à gauche, en bas : *F. Roybet.*

Panneau. Haut. [illegible]

ROYBET

(F.)

19 — *Le Connaisseur.*

Debout, de profil à gauche, devant une table de bois de la Renaissance, l'homme, en connaisseur, soulève et regarde un pot d'étain. Il est vêtu d'un pourpoint vert aux manches à crevés, d'un haut-de-chausse de ton plus foncé, et chaussé de souliers gris à nœuds de ruban.

Signé à droite, en bas : *F. Roybet.*

Panneau. Haut. [illegible] cent. ; larg. [illegible] cent.

TROYON

20 — *Vache dans un pré.*

Un terrain aux herbes drues. Au fond, un massif d'arbres et des buissons, dont la masse frissonnante se dessine sur l'écran d'azur du ciel. Une vache blanche, tachée de roux, marche de profil à droite, le mufle tendu vers le sol. Des notes ensoleillées caressent son échine, au poil rude et gras, et mettent des accents vivants au relief des jambes.

Signé à gauche, en bas, du timbre de la vente.

Toile. Haut., 55 cent.; larg., 64 cent.

TROYON

20 — *Vache dans un pré.*

Un terrain aux herbes drues. Au fond, un massif d'arbres et des buissons, dont la masse frissonnante se dessine sur l'écran d'azur du ciel. Une vache blanche, tachée de roux, marche de profil à droite, le mufle tendu vers le sol. Des notes ensoleillées caressent son échine, au poil rude et gras, et mettent des accents vivants au relief des jambes.

Signé à gauche, en bas, du timbre de la vente.

Toile. Haut., 55 cent.; larg., 64 cent.

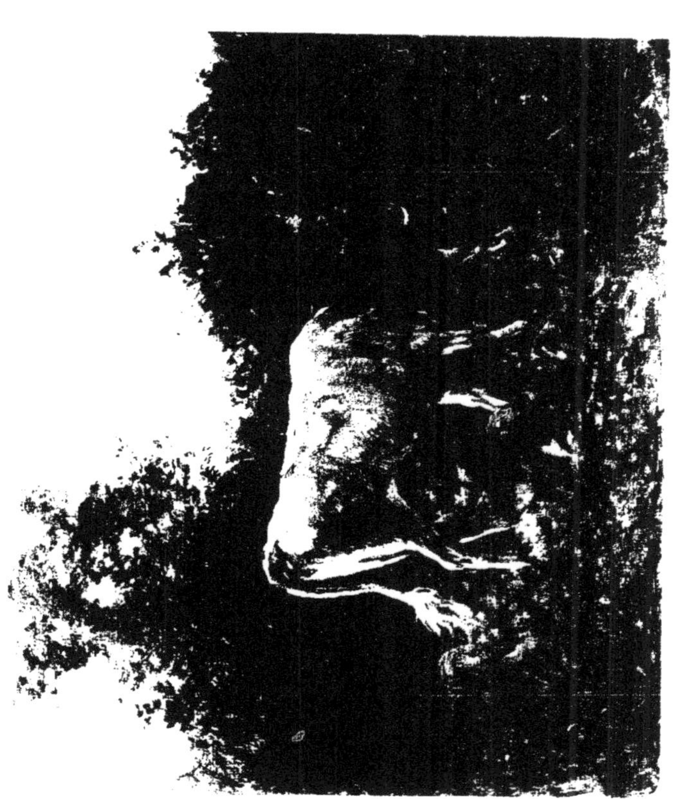

TROYON

21 — *Mare auprès d'une ferme.*

A gauche, au fond, la ferme, dont les murs sont baignés par une mare.

En allant vers la droite, des buissons et des arbres entourent la mare d'un rideau de verdure. A gauche, au premier plan, quelques canards arrêtés sur un îlot. Au-dessus de ce coin de nature, tout rempli de reflets et de lumière, un ciel gris aux nuages mouvementés, ouaté de vapeur blanche.

Signé à droite, en bas : *C. Troyon.*

Panneau. Haut., 36 cent.; larg., 27 cent.

Pastels, Aquarelle

BESNARD

(G.)

22 — *Jeune femme se coiffant.*

1100 Rosenberg

Elle est vue de dos, assise, les épaules nues. De son bras droit relevé et de sa main gauche, elle met en torsade son épaisse toison de rousse. La lumière, comme une caresse, chante sur cette chair grasse et blanche, et dans le mouvement du bras relevé, un bras rond et potelé, il y a une grâce enchanteresse que le peintre exprime en amoureux de la beauté.

Signé à droite, en bas : *Besnard, 1891.*

Pastel. Haut., 43 cent. 1/2 ; larg., 37 cent.

CHAPLIN

(CH.)

23 — *Le Rêve.*

2050 Bernheim jeune

Assise, renversée, parmi les coussins de satin rose, elle rêve. Ses épaules émergent de mousselines blanches ; un ruban noir, noué autour du cou, fait chanter le ton blond cendré de ses cheveux.

Signé à droite, en bas : *Ch. Chaplin.*

Aquarelle. Haut., 46 cent. ; larg., 32 cent.

GERVEX
(H.)

24 — *Intimité.*

Sur la table de nuit, une bougie allumée coiffée d'un abat-jour, vert ; une jeune femme nue est assise au bord du lit, la jambe gauche déjà cachée sous les couvertures.

Signé à gauche, en bas : *H. Gervex.*

Pastel. Haut., 1 m. 05 ; larg., 64 cent. 1/2.

STEVENS

25 — *Portrait de femme.*

Debout, en robe de bal de ton maïs, à clochettes de soie blanche, une jeune femme aux cheveux blonds mordille distraitement une branche de roses qu'elle tient de la main droite dégantée. Son corsage est ouvert en carré. Le bras gauche pend naturellement le long du corps. La main, gantée de Suède blanc, tient un éventail et le gant de la main droite. Au fond, une tenture à fleurs dans le goût des décorateurs japonais.

Signé à droite, en haut : *A. Stevens, 85.*

Pastel. Haut., 1 m. 75 ; larg., 72 cent.

Objets d'Art et d'Ameublement

BIJOUX, ARGENTERIE

26 — Montre en or gravé, ornée d'un émail : sujet galant.

27 — Montre d'homme, à double boîtier en or ; chiffrée : *M. B.*

28 — Montre d'homme en or gravé.

29 — Épingle de cravate formée d'un médaillon.

30 — Chaine de montre, or, avec porte-mine.

31 — Trois boutons de chemise, or et perles.

32 — Sept pièces, or : coulant de cravate, deux boutons de manchettes et quatre boutons de chemise.

33 — Légumier avec couvercle en argent. Chiffré.

34 — Saucière en argent sur plateau fixe. Chiffrée.

35 — Plat à œufs en argent. Chiffré.

36 — Petit plat à soufflés, en argent, avec anneaux mobiles. Chiffré.

37 — Poelon en argent.

38 — Trois plats longs et trois plats ronds en argent à moulures. Chiffrés.

39 — Dix-huit cuillers de table, en argent. Travail anglais. Chiffrées.

40 — Trente fourchettes en argent. Travail anglais. Chiffrées.

41 — Vingt-quatre couteaux à manches d'argent. Chiffrés.

42 — Couteau et fourchette à découper.

43 — Louche en argent. Travail anglais. Chiffrée.

44 — Manche a gigot, argent. Chiffré.

45 — Couvert a poisson de deux pièces, argent. Chiffré.

46 — Couvert a salade de deux pièces en argent. Chiffré.

47 — Pince a asperges, argent. Travail anglais. Chiffré.

48 — Pince a sucre en argent. Chiffrée.

49 — Cuiller a foie gras, argent. Travail anglais. Chiffrée.

50 — Cuiller a punch, argent. Chiffrée.

51 — Ciseaux a raisin, argent.

52 — Douze cuillers à entremets, argent. Chiffrées. Travail anglais.

53 — Douze fourchettes à entremets en argent. Chiffrées. Travail anglais.

54 — Dix-huit couteaux à dessert, manches en argent. Chiffrés.

55 — Vingt-quatre cuillers à café, argent. Travail anglais.

56 — Six pelles à sel, argent. Chiffrées. Travail anglais.

57 — Six fourchettes à hors-d'œuvre. Argent. Chiffrées.

58 — Douze fourchettes à huîtres. Argent. Chiffrées.

59 — Six pièces : pelles à bonbons, cuillers à saupoudrer, etc. Argent. Chiffrées.

60 — Douze couteaux, lames argent doré, poignées de nacre. Commencement du XIXe siècle.

61 — Douze porte-couteaux en argent.

62 — Réchaud en argent.

63 — Poivrier forme vase en argent.

64 — Service en argent composé : d'une cafetière, une théière, un sucrier et un pot à lait. Style Louis XV.

65 — Deux cafetières, sucrier et pot à lait en argent. L'une des cafetières du XVIIIe siècle.

66 — Théière en argent, poignée en ivoire.

67 — Deux salières doubles, deux moutardiers et quatre salières simples, décor de rinceaux. Argent.

68 — Deux porte-cure-dents en argent, variés.

93 — DEUX COMPOTIERS, même porcelaine, branches fleuries; chutes quadrillées et à réserves.

94 — PLAT en ancienne porcelaine de Chine, famille rose; armoiries au fond, marli carrelé à réserves.

95 — PLAT octogone en ancienne porcelaine de Chine, famille rose: personnages à califourchon sur des animaux. Marli à huit réserves.

96 — COUPE avec couvercle en ancienne porcelaine de Chine, famille rose, à décor de branches fleuries. Monture en bronze.

97 — DEUX PETITES POTICHES avec couvercles en ancienne porcelaine de Chine, famille rose, présentant, sur fond rouge d'or, des fleurs et des réserves contenant des scènes familiales, des animaux, des branchages, etc.

Haut., 28 cent.

98 — COUPE formée d'un plat en ancienne porcelaine de Chine à décor bleu, montée en bronze.

99 — GRAND VASE en porcelaine de Chine, arbustes et oiseaux.

100 — PLAT en ancienne porcelaine du Japon, à décor de fleurs en bleu, rouge et or.

PENDULES, BRONZES
SCULPTURES

101 — PENDULE du temps de Louis XVI, en bronze doré et marbre blanc, à mouvement surmonté d'un vase et accosté de deux fûts de colonnettes allégoriques à l'Amour.

102 — Pendule en bronze patiné et doré et marbre blanc, à mouvement placé entre deux statuettes de femmes assises. Époque Louis XVI.

103 — Paire de candélabres à trois lumières, en bronze patiné et doré et marbre rouge-griotte, à figures de femmes drapées, debout, tenant une corne d'abondance d'où s'échappent les lumières. Bases ornées de bas-reliefs. Époque Louis XVI.

104 — Pendule en bronze doré, ornée d'une statuette de Sapho. Commencement du XIXe siècle.

105 — Deux vases avec couvercles en bronze, décorés de rondes de nymphes ; bases en marbre blanc, garnies de bronzes également. Fin du XVIIIe siècle.

106 — Deux bras-appliques à deux lumières en bronze, à décor de guirlandes de laurier, vases et têtes de béliers.

107 — Paire de chenets en bronze : amours se chauffant.

108 — Flambeau de bouillotte à deux lumières en bronze.

109 — Deux flambeaux en bronze doré, tige à triple cariatide.

110 — Pelle et pincettes à poignées de bronze : figurines d'enfants.

111 — Galerie de foyer en bronze, décor de rinceaux.

112 — Pelle et pincettes. Style Empire.

113 — Galerie de foyer en bronze, ornée de deux statuettes de femmes ailées se chauffant. Style Empire.

114 — Deux landiers ornés de boules de cuivre.

115 — Pelle et pincettes assorties.

116 — Lanterne d'antichambre en bronze et cristaux. Disposée pour l'électricité.

117 — Lustre forme corbeille, en bronze et cristaux, branches de lumières forme cors de chasse. Disposé pour l'électricité.

118 — Lustre forme corbeille, en bronze et cristaux. Disposé pour l'électricité.

119 — Deux groupes en bronze patiné, à sujets galants de style antique.

120 — Deux statuettes en bronze patiné, genre antique.

121 — Buste en terre cuite : jeune femme, les cheveux retenus par un ruban, vêtue d'une chemisette. Par *Brune*. Signé : *Fecit Brune, 1794, l'an III de la République*.

Haut., 53 cent.

122 — Buste en terre cuite de personnage portant la perruque et vêtu d'un habit avec chemise laissant voir le haut de la poitrine. Par *Brune*. Signé : *Fecit Brune, 1794, l'an III de la République*. Fin du XVIIIe siècle.

Haut., 53 cent.

123 — Deux portes doubles, une porte simple et deux portes à coulisse provenant d'une baie : chêne sculpté, décor de rinceaux. Genre Renaissance.

124 — Haut-relief en chêne sculpté, présentant cinq personnages vus à mi-corps et vêtus de costumes gothiques.

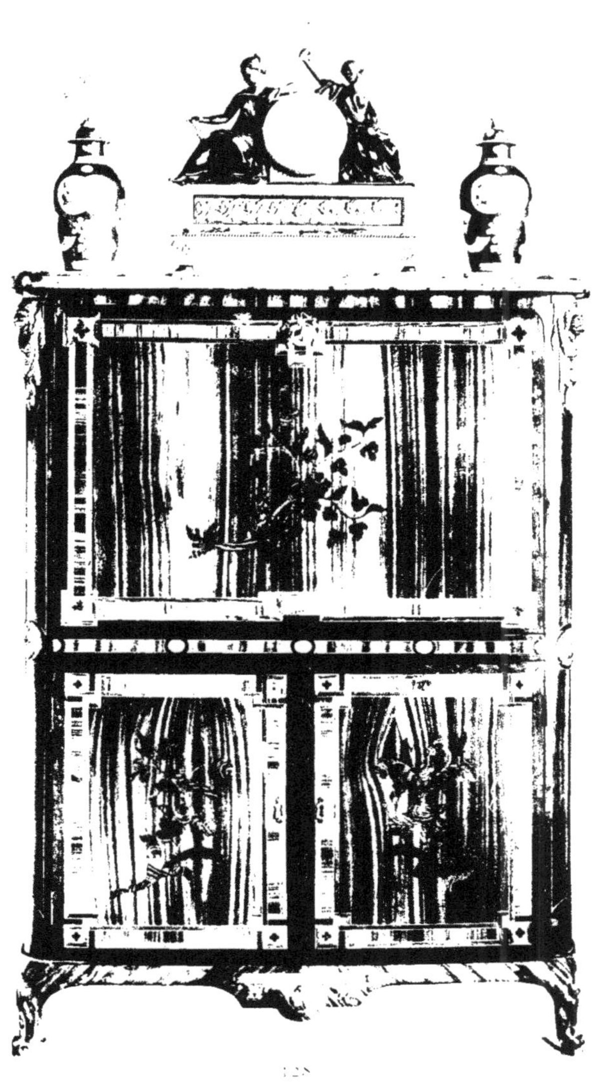

SIÈGES ET MEUBLES

Billard

125 — Deux fauteuils en bois, couverts en velours rouge, avec applications.

126 — Banquette couverte en tapisserie au point, à fleurs, du XVIIe siècle.

127 — Table de dame en bois de placage à un tiroir, tablette mobile et tablette d'entrejambes. Époque Louis XV.

128 — Secrétaire droit à abattant et portes en marqueterie de bois de couleurs à fleurs et encadrements. Garnitures de bronzes. Dessus de marbre brèche. Signé : *N. Petit.* Fin de l'époque Louis XV.

129 — Bureau Louis XVI, en bois de placage, avec corps supérieur à casiers et étagère. Garnitures de bronzes.

130 — Table de dame Louis XVI, à un tiroir, munie d'une tablette d'entrejambes, dessus de marbre brèche d'Alep. Les côtés et la tablette sont en marqueterie de bois de couleurs à branchages et guirlandes. Garnitures de bronzes. Galerie de cuivre.

131 — Fauteuil de bureau en bois sculpté, du temps de Louis XVI. Il a été recouvert de velours jaune.

132 — Console en bois sculpté, à décor de rinceaux, pieds ornés de têtes de satyres. XVIIIe siècle.

133 — Piano carré en bois de placage, de *Zimmerman. Paris 1798.* Fin du XVIIIe siècle.

134 — Enveloppe de cheminée en bois sculpté, à décor de colonnettes, rinceaux et armoiries ; elle est ornée d'un encadrement en tapisserie du XVIe siècle, à personnages.

135 — Console-étagère en chêne sculpté, genre Renaissance.

136 — Meuble à deux corps en bois sculpté, orné sur les deux portes de perspectives en marqueterie. Genre Renaissance.

137 — Table-étagère en bois de placage, poignées de bronze.

138 — Table-étagère en bois sculpté.

139 — Encoignure en acajou, à un tiroir. Garnitures de bronzes.

140 — Bibliothèque d'angle à hauteur d'appui, de même travail.

141 — Glace en bois sculpté, garnie de six branches porte-lumières en bronze.

142 — Grande table forme rognon, en bois sculpté, à trois tiroirs, galerie de bronze.

143 — Deux chaises en bois sculpté, sièges et dossiers cannés.

144 — Table sur quatre pieds reliés par un croisillon, et décorée sur le dessus et la ceinture de panneaux en laque de Chine à paysages. Garnitures de bronzes.

145 — Quatre chaises en bois sculpté et doré, dossiers à lyre, sièges couverts en soie rayée et brochée.

146 — Meuble en acajou, garni de bronzes, mascarons, génies, torches, et reposant sur une console à quatre pieds-chimères. Il ferme à une porte et contient un tiroir. Style Empire.

147 — Meuble d'entre-deux à une porte et un tiroir, en acajou, garni de bronzes : têtes d'Égyptiennes, torches, etc. Dessus de marbre vert de mer. Style Empire.

148 — Servante à un tiroir en acajou, garnie de bronzes, surmontée d'une glace et avec fond de glace également, tablettes en marbre vert de mer. Style Empire.

149 — Enveloppe de cheminée en acajou et bronzes à décor de cariatides, appliques, etc. ; dessus de marbre vert de mer. Style Empire.

150 — Huit chaises de salle à manger en acajou et bronze, couvertes en cuir. Style Empire.

151 — Table de salle à manger, de forme ronde, en acajou et bronzes, pieds griffes. Style Empire.

152 — Deux fauteuils en bois, couverts en velours rouge avec applications à dessin d'armoiries.

153 — Canapé en velours rouge présentant les mêmes armoiries.

154 — Fauteuil à oreilles couvert de velours rouge.

155 — Lit en bronze à décor de branchages et de fleurs.

156 — Billard de *Gerdères*.

SIÈGES COUVERTS EN TAPISSERIE

TAPISSERIES — TAPIS — ÉTOFFES

157 — MEUBLE DE SALON en bois sculpté et doré, couvert en tapisserie d'Aubusson du temps de Louis XVI, à dessin d'animaux sur les sièges, enfants dans des paysages sur les dossiers : encadrements de draperies et fleurs. Il comprend : un canapé, deux bergères et quatre fauteuils.

158 — DEUX TABOURETS de pieds en bois doré couverts en ancienne tapisserie au point à fleurs.

159 — TROIS PANNEAUX en tapisserie flamande du XVIe siècle, présentant des groupes de personnages, sujets de chasse et autres, sur fond de paysages avec jardins, habitations, collines, etc.

Haut., 2 m. 45; larg., 2 m. 55, 1 m. 75 et 60 cent.

160 — CANTONNIÈRE composée de bordures en tapisserie flamande du XVIe siècle, à personnages et fleurs.

Haut., 3 m. 15; larg., 1 m. 65.

161 — TAPIS en tapisserie flamande du XVIIIe siècle, à dessin de sujets champêtres et de grosses fleurs.

Long., 2 m. 55; larg., 1 m. 75.

162 — TAPIS en tapisserie de la fin du XVIIIe siècle : compartiment sur fond bleu, encadré de rinceaux et de médaillons à paysages. Bordure à rinceaux.

Long. environ, 4 mètres; larg. environ, 2 m. 45.

163 — TAPIS DE LA SAVONNERIE du commencement du XIXe siècle, à compartiments et rinceaux.

Long., 3 m. 50; larg., 2 m. 90.

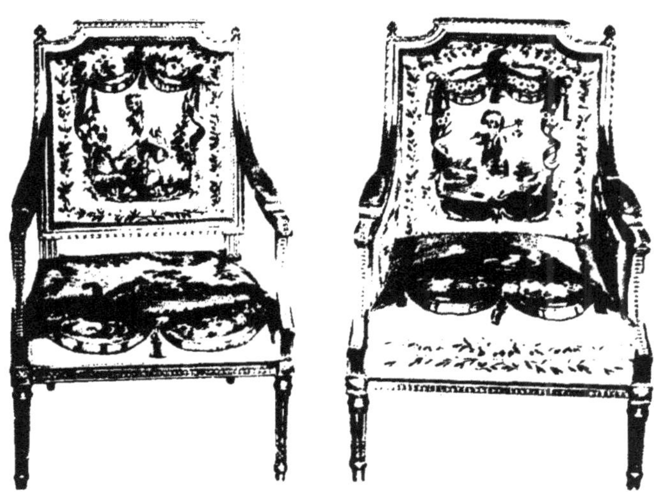

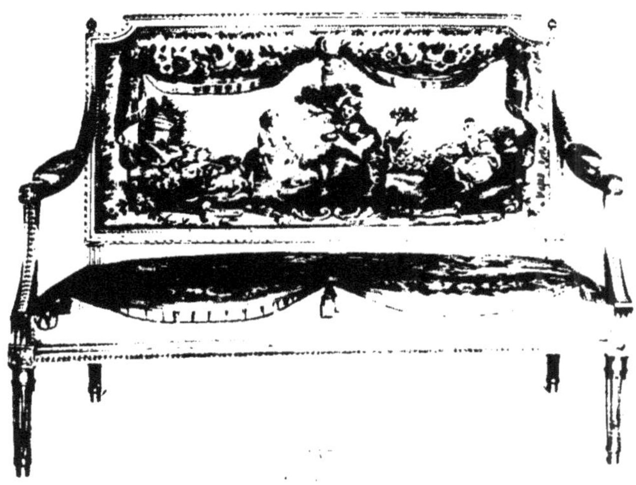

164 — Couvre-lit en damas jaune, avec applications à dessin de fleurs.

165 — Deux rideaux en damas, à médaillons et guirlandes en blanc sur fond rouge.

166 — Six rideaux en velours rouge ciselé.

167 — Quatre rideaux en damas, à palmettes blanches sur fond jaune.

168 — Sous ce numéro : Mobilier courant.

www.ingramcontent.com/pod-product-compliance
Ingram Content Group UK Ltd.
Pitfield, Milton Keynes, MK11 3LW, UK
UKHW020413180726
13839UKWH00003B/1310

9 782329 527147